별이 빛나는 밤에 하이볼 한 잔

두꺼비 지음

별이 빛나는 밤에
하이볼 한잔

초판 1쇄 발행 2021년 11월 22일
초판 2쇄 발행 2021년 11월 29일

지은이 두꺼비

발행인 우현진
발행처 용감한 까치
출판사 등록일 2017년 4월 25일
대표전화 02)2655-2296
팩스 02)6008-8266
홈페이지 www.bravekkachi.co.kr
이메일 aoqnf@naver.com

기획 및 책임편집 우혜진
디자인 죠스   **교정교열** 이정현   **마케팅** 리자   **포토그래퍼** 내부순환스튜디오 김지훈   **푸드** 양유경, 이은희, 유지후
CTP 출력 및 인쇄·제본 미래피앤피

- 잘못된 책은 구입한 서점에서 바꿔드립니다.
- 이 책에 실린 모든 내용, 디자인, 이미지, 편집 구성의 저작권은 도서출판 용감한 까치와 지은이에게 있습니다.
  허락 없이 복제하거나 다른 매체에 옮겨 실을 수 없습니다.

ISBN 979-11-91994-01-8(13590)

ⓒ 두꺼비
정가 18,000원

감성의 키움, 감정의 돌봄 용감한 까치 출판사

용감한 까치는 콘텐츠의 樂을 지향하며 일상 속 판타지를 응원합니다. 사람의 감성을 키우고 마음을 돌봐주는 다양한 즐거움과 재미를 위한 콘텐츠를 연구합니다. 우리의 오늘이 답답하지 않기를 기대하며 뻥 뚫리는 즐거움이 가득한 공감 콘텐츠를 만들어갑니다. 아날로그와 디지털의 기발한 콘텐츠 커넥션을 추구하며 활자에 기대어 위안을 얻을 수 있기를 바랍니다. 나를 가장 잘 아는 콘텐츠, 까치의 반가운 소식을 만나보세요!

세상에서 가장 용감한 고양이 '까치'

　　동물 병원 블랙리스트 까치. 예쁘다고 만지는 사람들 손을 마구 물고 할퀴는 등 사나운 행동을 일삼아 미움을 받는 까치는 못된 고양이로 소문이 났지만, 누구보다도 사람들을 사랑하는 고양이예요. 사람들과 친해지고 싶은 마음에 주위를 뱅뱅 맴돌지만, 정작 손이 다가오는 순간에는 너무 무서워 할퀴고 보는 까치.

　　그러던 어느 날, 사람들에게 미움만 받고 혼자 울고 있는 까치에게 한 아저씨가 다가와 손을 내밀었어요. "만져도 되겠니?"라는 말과 함께 천천히 기다려준 그 아저씨는 "인생은 가까이에서 보면 비극이지만, 멀리서 보면 코미디란다"라는 말만 남기고 휑하니 가버리는 게 아니겠어요?

　　울고 있던 겁 많은 고양이 까치는 아저씨 말에 마지막으로 한 번 더 용기를 내보기로 했어요. 용기를 내 '용감'하게 사람들에게 다가가 마음을 표현하기로 결심했죠. 그래도 아직은 무서우니까, 용기를 잃지 않기 위해 아저씨가 입던 옷과 똑같은 옷을 입고 길을 나섭니다. '인생은 코미디'라는 말처럼, 사람들에게 코미디 같은 뻥 뚫리는 즐거움을 줄 수 있는 뚫어뻥 마법 지팡이와 함께 말이죠.

　　과연 겁 많은 고양이 까치는 세상에서 가장 용감한 고양이가 될 수 있을까요? 세상에서 가장 용감한 고양이 까치의 여행을 함께 응원해주세요!

오늘도 별빛이 흐릅니다.
창 너머로 달빛과 별빛이 무수히 떨어져 내립니다.
세상 모든 불을 끄고 창가에 앉아
가만히 밤하늘을 올려다보고 있노라면,
당신의 얼굴이 별빛처럼 반짝였다가 이내 사라집니다.

수억 수만 개의 별빛. 수억 수만 개의 당신의 기억.
아무리 흐려져도 이내 다시 선명해지겠지요.

당신과 함께 맞던 별빛 아래에서 당신과 함께 마시던 하이볼을
이제는 나 혼자 마시고 있음에도 이렇게나 가슴이 벅차오르는 건
우리가 다시 함께할 날이 곧 올 거라는 믿음 때문일 겁니다.

비싼 간주도, 화려한 조명도 없는 작디작은 내 방 창가에
함께 마주 앉아 언제나 설레는 표정으로 내 손을 잡아주던 당신.

이렇게 당신이 그리워질 때면
나 혼자 창가에 앉아 밤하늘을 올려다봅니다.
당신이 많이 좋아했던 그때 그 하이볼 한잔과 함께.

그렇게 오늘도 별빛이 흐릅니다.

004	프롤로그
008	하이볼, 그 참을 수 없는 가벼움
009	나에게 맞는 소주 찾기 - 소주 상식 Q&A, 환경을 위해 소주병을 공병으로 분리배출해주세요!
012	스페셜 부록 「다시 떠나고 싶은 두꺼비의 사진첩 1」

PART 1

별이 빛나는 밤에, 나 홀로 하이볼

022	발그레한 설렘 한 방울, 홍초주
026	내 마음에 동동 떠다니는 너, 봉봉주
030	달달한 기억을 안주 삼아, 폴라포주
034	달콤쌉싸름한 현실 위에 달콤함 덮기, 초코에몽주
038	이제 콜라가 코앞이야, 고진감래주
042	메로나는 우릴 배신하지 않지, 메로나주
046	사랑은 아무나 하나, 테진아
050	곰 같은 너, 젤리주
054	또 다른 날이 밝을 거야, 아침햇살주
058	알록달록 팔레트처럼, 모구모구주
062	밥알 같은 그대를 위해 치어스, 식혜주
068	힘을 내요, 비타민워터주
072	우윳빛깔 당신에게 꼭 어울리는, 밀크소다주
076	두근두근, 커피소주
080	내 방에 퍼지는 상큼한 향기, 레몬소주
084	마음이 편해지는 러블리주, 요구르트주
088	스페셜 부록 「다시 떠나고 싶은 두꺼비의 사진첩 2」

PART 2

별이 빛나는 밤에, 너와 내가 하이볼

- 098   반짝반짝 빛나는, 구슬주
- 102   하늘과 바람과 별과, 아이스티주
- 106   함께일 때 더 좋은, 수박소주
- 110   귀한 당신을 위한, 멜론소주
- 114   뚜껑 열릴 땐, 오렌지소주
- 118   오래 두고 보아야 좋은, 탱귤주
- 122   내 방 가득 봄 향기를 심어줄, 솜사탕즈
- 126   파티하고 싶어지는, 링겔주
- 130   첫눈 내리는 날에는, 막소사
- 134   함께 마시고 싶은, 삼색주
- 138   소중한 순간에는, 태극주
- 142   새해에는 새로운 해가 떠오를 거야, 일출주
- 146   스페셜 부록 「다시 떠나고 싶은 두꺼비의 사진첩 3」

PART 3

밤속에 잠 못 이루는 별이 빛나는 밤에

- 156   치즈고추참치
- 158   은행꼬치
- 160   오감치
- 162   라이스페이퍼떡볶이
- 164   종이컵피자
- 166   컵라면볶음밥
- 168   금귤정과
- 170   팔미카레
- 172   오란다
- 174   벚꽃계란말이

두껍

하이볼, 그 참을 수 없는 가벼움

하이볼의 역사
미국에서 유래한 하이볼은 위스키처럼 독한 술에 탄산수나 소다수를 타 먹는 술을 의미한다. 어원에 대해서는 술자리 게임에서 유래했다는 설과 술잔에 골프공이 빠진 일화에서 비롯됐다는 설이 있지만, 어떤 게 진짜인지는 정확하지 않다.
요즘에는 소주와 탄산수가 아니더라도 독한 술에 달달한 음료나 아이스크림을 섞어 먹는 것도 하이볼로 부르는 등 종류가 다양해지고 있다.

하이볼의 종류
소주나 위스키에 탄산수, 소다수 등을 섞어 마시는 술이라는 본래의 의미를 뛰어넘어 종류가 매우 다양해지는 추세다. 간단히는 소주에 맥주를 붓는 '소맥'부터 달달한 맛을 내는 음료, 아이스크림을 소주에 섞어 먹는 하이볼까지, 젊은 세대를 중심으로 '트렌드'를 입고 점점 발전·변형되고 있다.

* 알려드립니다! 본문 레시피 중 재료 옆에 표기된 숫자는 비율을 의미합니다. 그중, 예외적으로 비율이 아닌 수량 표기가 필요한 것은 수량으로 표기했습니다.

나에게 맞는 소주 찾기 – 소주 상식 Q&A

Q1. 소주는 냉장고에 넣어 차갑게 마셔야 맛있다?!
NO! 소주가 가장 맛있는 온도는 8~10℃! 냉장고에 넣어놨던 소주를 꺼내 마실 때, 처음 따라 비운 후 두 번째 잔을 따를 때의 온도가 대략 8~10℃다.

Q2. 빈속에 술을 마시면 빨리 취한다?
YES! 빈속에 마실 경우 알코올의 흡수가 빨라지기 때문에 혈중 알코올 농도가 급속히 올라간다. 특히 독한 술을 마시면 알코올이 직접 위 점막에 작용해 급성 위염에 걸릴 수 있으므로 적당한 식사를 한 후 마셔야 한다.

Q3. 술 마실 때 지방을 먹으면 위 보호와 숙취 예방에 좋다?
NO! 버터 등의 지방이 위 점막에 보호막을 쳐준다고 생각하지만, 알코올은 물에도 기름에도 녹는 성질이 있어 지방뿐만 아니라 단백질, 탄수화물도 함께 섭취해야 한다. 특히 기름으로 튀긴 음식은 알코올이 체내 수분의 균형을 깨뜨리는 데 촉매재 역할을 하므로 피하는 것이 좋다.

환경을 위해 소주병을 공병으로 분리배출해주세요!

방법 1. 내용물을 깨끗이 비워주세요(병 안에 담배꽁초나 기름 등의 이물질을 넣지 마세요).
방법 2. 색상별, 제품별로 분리해주세요(깨진 병은 재사용이 어려워요).
방법 3. 빈 병에 병뚜껑을 씌워 배출해주세요.

괜찮아.
나에겐 소주가 있으니까.

죄송합니다!
더 잘하겠습니다!

스페셜 부록

다시 떠나고 싶은

두꺼비의 사진첩 1

파리의 기차 안

파리 에펠탑

별이 동동 뜬 밤하늘을 보며
달빛이 포근하게 내려앉은 내 방 창가에서
당신을 생각합니다.

PART 1.

별이 빛나는 밤에
나 홀로 하이볼

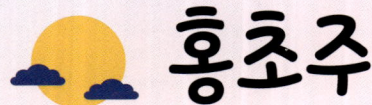

홍초주

그제도 어제도 취했지만, 오늘도 취하고 싶은 까닭은
너, 그리움, 그리고 설렘.
지금은 볼 수 없지만
괜스레 동동거리게 만드는 기억 속 너의 모습.
취하지 않으려 해도 어쩔 수 없잖소.

컵에 소주와 스프라이트, 홍초를 1:1:0.5 비율로 따른다.

두껍 씨, 오늘도 술이 생각나네요.

요즘 왜 자꾸 술 생각이 날까요.
일도 잘되고, 사람들과 사이도 좋고,
더할 나위 없이 완벽한데….
그런데 자꾸 슬퍼져요.

스스로에게 속지 마세요.
마음속 어딘가 공허하다면 완벽하지 않은 거예요.
공허함은 가끔 완벽해야 한다는 생각 때문에 생기는 경우가 많거든요.
완벽하지 않은 것도 나름 괜찮아요.
그러니 이제 무엇이 부족한지 들여다봐요.

완벽하지 않다는 걸 인정해야 부족한 걸 채울 수 있죠.
정신이 맑아질 정도로 새콤한 홍초주 한잔 마시며
스스로를 일깨워요, 그대.

봉봉주

동동동
가라앉지도 않고 자꾸만 떠다니는 너.
'오늘은 뭐 했니?', '나는 이랬어.'
술잔 위에 혼자 띄워보는 너를 향한 나의 편지.

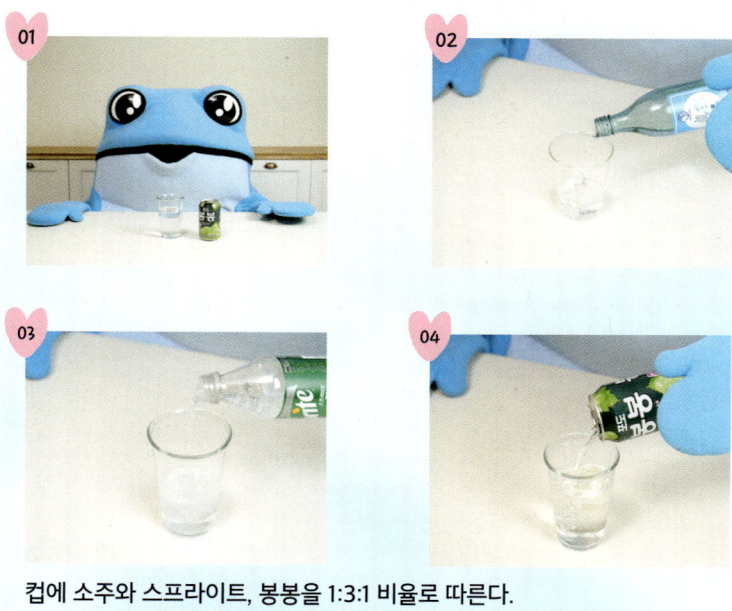

컵에 소주와 스프라이트, 봉봉을 1:3:1 비율로 따른다.

봉봉의 포도 알맹이도 빼놓지 말고 퐁당퐁당 넣어 먹기, 두껍!

두껍 씨, 용기가 나질 않아요.

그 사람에게 말을 걸어볼까
수백 번 고민만 하다 결국 한마디도 하지 못했어요.
바보 같은 제가 너무 싫어요.

당신, 정말 바보네요. 사랑밖에 모르는 귀여운 바코.
사랑밖에 모르는데 왜 가만히 있죠?
뭔가를 저질러봐야 해피든 새드든 엔딩이 생기죠.
사랑밖에 모르는 그대,
봉봉주 야무지게 씹어 마시면서 용기를 내봐요.

달달한 기억을 안주 삼아

폴라포주

그럴 때가 있었지.
수업이 끝나면 다 같이 매점으로 뛰어가
폴라포 하나씩 꺼내 들고 쭉쭉 짜 먹던 때가.
넌 잘 녹이지 못해서 내가 녹여주곤 했는데.
오늘따라 너무 잘 녹는 폴라포에 괜스레 생각나는 너.
보고 싶다, 친구야.

혼합
진로소주 X1
스프라이트 X3
폴라포 X1개

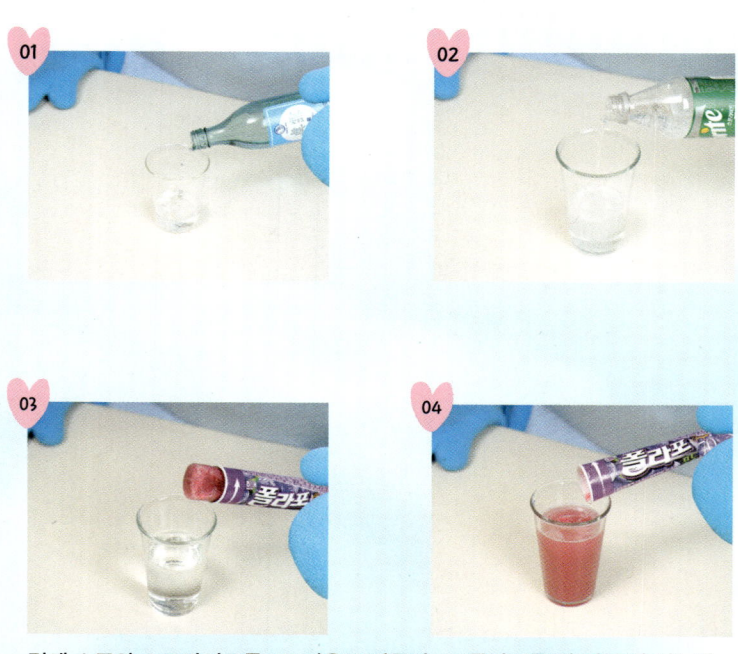

컵에 소주와 스프라이트를 1:3 비율로 따른다. → 폴라포를 짜 넣고 잘 섞는다.

다양한 폴라포 중 좋아하는 맛으로 고르세요, 두껍!

두껍 씨, 저는 친구가 별로 없어요.

남들처럼 친구들과 함께 모여 즐겁게 한잔하고 싶은데
부를 친구도, 모을 친구도 없네요.
기껏해야 한두 명 정도?
친구가 별로 없는 나, 인생 헛 산 걸까요?

친구가 한두 명밖에 없다고 인생 헛 산 거라면
친구라곤 핑거비뿐인 저는 인생을 아예 살지도 않은 거죠.
친구는 딱 한 명이면 충분해요. 아니, 아예 없어도 괜찮아고.
대신 언제나 당신 옆을 든든하게 지키는 영원한 친구 '당신'이 있잖아요.
인생은 살아내는 거라 헛 살 수가 없어요.
어떻게 살았든 결국은 잘 살아낸 거죠.
어릴 때부터 좋아하던 폴라포를 안주 삼아 술 한잔하며
스스로에게 집중해봐요, 그더.

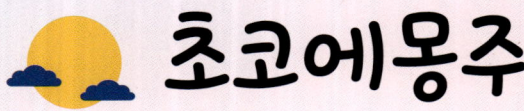

🌙 초코에몽주

달콤쌉싸름한 현실 위에 달콤함 덮기

때론 너무 달아서 슬플 때가 있다.
달달할 거라고 예상은 했지만, 달달해도 너무 달아서.
어릴 땐 달달한 게 마냥 좋았는데,
어른이 되고 보니
꼭 그렇지만은 않더라고.
그래서 오늘은 적당히 슬프기 위해 소주 한잔 타봤어.

 혼합

 ×1 진로소주

 ×2 초코에몽

컵에 소주와 초코우유를 1:2 비율로 따른다.

 초코우유를 아이스크림 틀에 넣어 얼려봐요. 초코에몽주에 둥둥 띄워 먹으면 더 달달하니까요, 두껍!

두껍 씨, 칭찬을 받았는데도 기분이 별로예요.

왜 그럴까요?

듣고 싶던 칭찬이고, 원하던 성취인데

생각만큼 기쁘지가 않아요.

배가 부른 걸까요?

두껍

타인의 칭찬은 언제나 공허하죠.
그대에게 진짜 필요한 건 '당신의 칭찬'이 아닐까요?
세상에는 이해할 수 있는 감정과 나 자신도 알 수 없는 감정이 가득해요.
나조차 이해할 수 없는 감정인데 다른 사람이 어떻게 이해할 수 있겠어요.
하지만 이것만은 분명해요.
이해가 되든, 되지 않든 모두 당신의 감정이에요.
자신의 감정을 그냥 그대로 받아들이세요.
달달한 초코에몽주 한잔 마시며 스스로를 칭찬하면서 말이에요.

 이제 콜라가 코앞이야

고진감래주

어른이 되기 전에
미리 배웠으면 좋았을걸.
고진감래 중 소주가 이렇게 길 거라는 걸.
소주가 지나가면 달달한 콜라가 온다는데,
도대체 내 콜라는 언제쯤 올는지.

혼합

 X1
진로소주

 X5
테라

 X1
콜라

소주잔에 콜라를 따른다. → 빈 맥주잔에 콜라를 따른 소주잔을 넣고 그 위에 다른 소주잔을 올려 소주를 따른다. → 맥주로 맥주잔을 가득 채운다.

 쉬지 말고 끝까지 단숨에 마셔야 참된 달콤함을 느낄 수 있어요, 두껍!

두껍 씨, 저는 왜 이렇게 되는 일이 없을까요?

친구들은 벌써 다 취직하고 자리 잡았는데
저는 아직도 제자리예요.
결혼은 고사하고 취직이라도 좀 됐으면 좋겠는데….
왜 이렇게 저만 잘 안 풀릴까요?

두껍

'당신은 대기만성형이니 걱정하지 마세요!'라는
흔해빠진 위로를 던지면 술잔을 집어 던지겠죠?
맞아요, 당신은 대기만성형은 아닌 것 같아요.
적어도 몇십 년은 늦어야 대기만성이지,
남들보다 2~3년 늦어진 것 가지고 대기만성이라고 할 순 없죠.
남 일이라고 말을 너무 쉽게 한다고요?
맞아요, 남 일이라 2~3년 차이는 아무것도 아닌 것처럼 보여요.
그런 거예요, 그대. 당장은 친구들과 큰 격차가 벌어진 것처럼 느껴지겠지만,
제3자가 봤을 땐 격차로도 보이지 않아요.
그저 출발선에서 누군 금 밟고, 누군 금 밟지 않은 정도?
인생은 오래 살고 볼 일이에요. 고진감래주만 봐도 그렇잖아요,
누구 잔에 콜라가 제일 많이 남아 있을지는 아무도 모르죠.

메로나는 우릴 배신하지 않지

메로나주

살다 보면 말이야,

생각지도 못한 곳에서 뒤통수 세차게 맞을 때가 있어.

새로 산 펜이 써지지 않는다거나

홈쇼핑 언니 멘트와 달리 사이즈가 넉넉하지 않다거나.

하지만 세상이 우릴 속일지라도,

메로나는 말이야, 우릴 배신하지 않지.

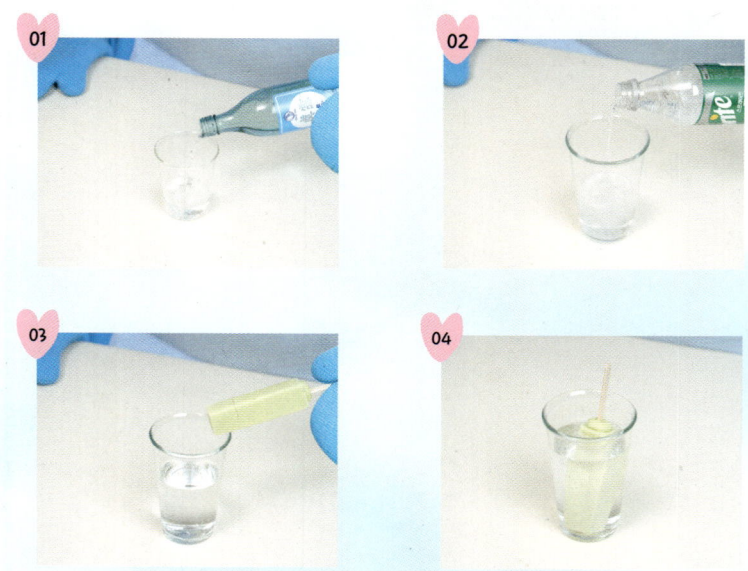

컵에 소주와 스프라이트를 1:3 비율로 따른다. → 메로나를 담가 휘휘 저으면서 녹인다.

두껍 씨, 그 사람은 정말 믿을 만한 사람이었어요.

생각도 못했죠, 저를 이렇게 배신할 줄은.
이제 앞으로 아무도 못 믿을 것 같아요.
어떡하죠?

그놈이 그놈이고, 세상에 믿을 만한 놈은 하나도 없죠.
그러니 다른 사람을 믿으려 하지 말고 '나 자신'을 믿으려고 해보세요.
그 사람이 믿음직스러워 믿는 게 아니라
그 사람을 믿기로 결정한 '나'를 믿는 거예요.
그러면 그가 배신하고 떠나도 '나'는
여전히 단단한 두 다리로 서 있을 수 있죠.
아무리 내 결정이 틀리더라도, 설사 여러 번 틀리더라도,
스스로에 대한 믿음을 버리지 마세요.
그대는 결국 좋은 사람을 알아보게 될 거예요.
달콤한 메로나주나 한잔하면서
제 발로 떨어져준 그놈에게 땡큐를 외치자고요, 그대.

사랑은 아무나 하나

🌅 테진아

그럴 때가 있다.
누구하고도 얘기하기 싫을 때,
아무하고도 섞이기 싫을 때.
섞이는 건 싫어도 섞는 건 좋아.
아무도 없는 내 방에서 혼자
달달하게 섞어 홀짝홀짝 마실 때의 그 기분이란.

혼합

×2
진로소주

×8
테라

컵에 진로소주와 테라 맥주를 2:8 비율로 따른다.

두껍 씨, 아무하고도 얘기하고 싶지 않아요.

요즘은 누구와도 말을 나누고 싶지 않아요.
어려운 인간관계도 싫고, 가식 같은 사회생활도 싫어요.
자꾸 이러면 안 되는데, 어떡하죠?

두껍

왜 안 되죠?
인간은 고독한 동물이에요. 이유가 무엇이든 간에
가끔은 혼자 보내는 시간이 필요하죠.
갑자기 누구와도 말하기 싫어졌다면
뭔가 탈이 나도 단단히 났다는 이야기인데,
그럼 그냥 병원에 입원했다고 생각하고 혼자만의 시간을 가지세요.
무슨 병인지는 모르지만, 아무래도 그 병엔 '혼자'가 특효인 것 같으니까요.
혼자 시간을 보내다 보면 어느 순간 다시 사람들이 그리워질 때가 올 거예요.
당신의 잘못도, 사람들의 잘못도 아니에요. 그렇다고 걱정할 일도 아니죠.
혼자 있고 싶을 땐 테진아 한잔하면서 마음껏 혼자 보내요, 그대.
그래도 괜찮아-요.

젤리주

당신, 왜 이리 눈치가 없소.
아무리 표현을 해도 모르길래
대놓고 말했건만, 그래도 모르면 어떡하오.
카톡을 열었다 닫았다 안달 난 내 마음을
어찌 그리 몰라주오.
아, 이런 곰 같은 당신.

혼합

 X1
진로소주

 X1.5
스프라이트

X원하는 만큼
젤리

01

02

03

04

컵에 소주와 스프라이트를 1:1.5 비율로 따른다. → 젤리를 원하는 만큼 넣는다.

두껍 씨, 이 마음을 이제 포기해야 할까요?

오랫동안 해온 짝사랑이 이제는 좀 버겁네요.
이제 그만 포기해야 할 때가 온 걸까요?

두껍

그럴 수 있겠어요? 정말?
금방이라도 맘먹으면 쉽게 포기할 수 있는 거였다면
왜 지금까지 마음을 졸였죠?
포기가 안 되니까 그런 거 아니었나고?
상대에게 부담을 주지 않는 선에서 마음껏 사랑하세요.
짝사랑도 '사랑'이에요. 그리고 사랑은 아낌없이 주는 거죠.
받는 게 아니라 주는 게 사랑이라면,
굳이 상대가 내 마음을 알아줄 필요는 없잖아요?
혼자지만 그래도 마음껏 사랑하세요.
그를 향한 당신의 사랑을 모조리 써버리세요.
소주에 담가둔 곰돌이 젤리가 모두 녹아 없어질 때까지 말이에요.

또 다른 날이 밝을 거야

아침햇살주

그렇다고 오늘이 싫은 건 아냐.
물론 오늘도 재밌었지만,
내일은 더 재밌는 일이 생겼으면 좋겠어.
가령, 길을 걷다 생각지도 못하게
너와 마주친다거나 하는 일 같은 거 말이야.

X1
진로소주

X1
아침햇살

01

02

컵에 소주와 아침햇살을 1:1 비율로 따른다.

두껍 씨, 어떻게 해야 하루를 알차게 쓸까요?

시간을 낭비했다는 소리는 듣고 싶지 않아요.
그러려면 취미 생활도, 공부도, 자기 계발도 해야 하는데….
어떻게 스케줄을 짜야 오늘 하루를 알차게 썼다는 얘기를 들을까요?

저 같으면 일단 오전에 내리 자고, 점심에 밥 먹고, 오후에 잠깐 낮잠 잤다가,
저녁에 밥 먹고, 좋아하는 아이돌 영상 좀 보다가 또 잘 거 같아요.
어때요, 진짜 알찬 하루 아닌가요? 제가 좋아하는 것만 모아놓은 하루죠.
굳이 뭔가 칭찬받을 만한 것을 해야만
하루를 알차게 보내는 건 아니라고 생각해요.
하루를 별 탈 없이 나쁜 짓 안 하고 잘 살아낸 것만도
알차게 산 거 아닐까요? 사실, 꼭 알차게 살아야 할 필요도 없고요.

누가 뭐라든 나만 '나의 오늘'이 좋았다면 그걸로 충분한 거죠.
오늘이 조금 만족스럽지 않았다면
아침햇살주 한잔하며 내일을 기대하면 그뿐이에요, 그대.

모구모구주

빨주노초파남보 알록달록 색깔로 그린다.
노랑이도 좋고 빨강이도 좋고 분홍이도 좋아.
오늘의 내 기분을 꼭 닮은 색깔을 골라 열심히 그린다.
내 마음속 너를.

진로소주 X1

모구모구 X4

01

02

컵에 소주와 모구모구를 1:4 비율로 따른다.

두껍 씨, 저는 어떤 색깔로 이루어졌을까요?

요즘은 '자아', '정체성' 같은 걸 많이 생각해요.
지금 내가 잘 가고 있는 걸까, 이 길이 맞을까 하는 생각이요.
드디어 오춘기가 온 걸까요?

두껍

백 번, 천 번 생각해도 부족한 게 바로 '나'에 대한 생각이죠.
아직 저도 제가 어떤 두꺼비인지, 다른 두꺼비와 다른 게 뭔지 잘 모르겠어요.
나이를 얼마나 먹었든 '내 정체성'에 대한 고민은 늘 현재진행형인 거죠.
하지만 길은 다른 문제라고 생각해요.
여러 갈래의 길 중 하나를 선택해서 걸어온 게 아니에요.
애초부터 길은 내가 가고 있던 길 하나밖에 없었던 거예요.
지금까지 걸어온 길, 앞으로 걸을 길 모두
내가 계속 걷고 있는 하나의 길일 뿐이에요.
지금까지 그 길을 걸어왔기 때문에 눈앞의 길로도 갈 수 있는 거예요.
그러니 그대, 자신의 선택을 의심하지 마세요.

식혜주

어떤 사람은 밥알 때문에 먹는다 하고,
어떤 사람은 밥알 때문에 안 먹는다 한다.
누구는 나 때문에 좋다 하고,
누구는 나 때문에 안 된다 한다.
"늬들이 밥알 맛을 알아?"
어쨌든 내 대답은 "그러든지 말든지."

진로소주

식혜

컵에 소주와 식혜를 1:1 비율로 따른다.

두껍 씨, 그 사람은 왜 저를 싫어하는 걸까요?

다른 사람들하고는 다 괜찮은데 한 사람 때문에 너무 힘드네요.

적대감을 대놓고 표현하니 괜히 위축되고 주눅 들어요.

그 사람은 왜 저를 싫어하는 걸까요?

살면서 만나는 사람들 모두 날 좋아하게 만들 수는 없어요.
가능하지도 않을뿐더러 그럴 필요도 없죠. 우리도 그렇잖아요.
만나는 모든 사람을 좋아하진 않죠. 너무 자연스러운 일이니,
누군가 나를 싫어한다고 주눅 들거나 위축될 필요 없어요.
그대에게 문제가 있어 미움받는 게 아니라,
그냥 그 사람과 맞지 않는 것뿐이에요.
하지만 사람들 앞이나 그대 앞에서 대놓고 적대감을
드러내는 건 다른 문제라고 생각해요.
예의 없는 행동이고 배려 없는 태도죠. 그런 사람 때문에 속 끓이지 마세요.
주변 사람들도 그 사람의 그런 면을 이미 알고 있을 테니까요.
아프고 속상했을 걸 생각하니 마음이 너무 아프네요.
식혜주 한잔 마시며 속상한 마음을 달래요, 그대.

비타민워터주

압니다.

힘을 내라고 백 번 말해도 하나도 힘이 되지 않는다는 걸.

하지만 어쩔 수 없습니다.

그럼에도 당신에게 힘을 내라고 말하고 싶으니까요.

백 번의 말이 힘이 되지 않는다면, 백한 번 얘기할게요.

힘을 내요, 그대.

진로소주 X1

비타민 워터 X2

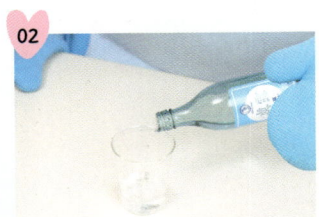

컵에 소주와 비타민 워터를 1:2 비율로 따른다.

두껍 씨, 언젠가 나아지는 날이 올까요?

열심히 사는데 왜 이렇게 제자리일까요.
나 혼자만의 노력으로는 안 되는 게 있나 봐요.
모든 걸 내려놓고 싶어지네요.

두껍

미안해요, 그대. 정말 이런 뻔한 위로는 하고 싶지 않은데…
하지만 아무리 고민해봐도 이 얘기밖에 떠오르질 않네그.
원래 길그 긴 터널을 빠져나올 때 터널 밖으로 나온 직후가
앞이 가장 안 보이는 법이래요. 어두운 곳을 지나
갑자기 환한 곳으로 나오면 햇빛 때문에 눈을 뜰 수 없게 되죠.
그대의 지금이 바로 그때예요.
이제까지 길고 긴 터널을 걸어오느라 고생했어요.
지금은 비록 눈 뜨기 어려울 정도로 힘들겠지만,
그럼에도 눈을 뜨려 노력해야 해요.
이제 거의 끝났어요. 이 드라마의 주인공은 당신이에드.
결국은 명랑 쾌활한 주인공이 잘 먹고 잘 산다는 걸 잊지 마세요, 그대.

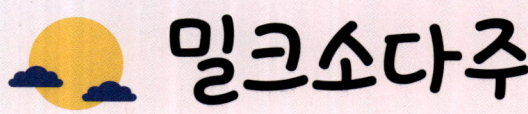

밀크소다주

아직은 소주보다
뽀얗고 달달한 밀크소다가 더 잘 어울리는 그대.
부득불 오늘 꼭 쓰디쓴 맛을 봐야 했다면,
잊지 마세요.
나에게 당신은 영원한 우.윳.빛.깔이란 걸.

혼합

X1
진로소주

X1
테라

X1
암바사

01

02

컵에 소주와 맥주, 암바사를 1:1:1 비율로 따른다.

두껍 씨, 오늘은 좀 힘든 날이었어요.

열심히 해도 티가 나지 않는 회사생활.
가까운 것 같으면서도 멀게만 느껴지는 동료들.
오늘은 술 한잔해야겠어요.

두껍

가까운 것 같던 것들이 갑자기 멀게 느껴질 때도 있고
멀게만 느껴지던 것들이 어느 순간 바로 내 옆에 다가와 있을 때도 있죠.
사는 게 인생이 아니라 버텨내는 게 인생이라잖아요.
달달한 밀크소다주로 오늘 하루 쓴맛이었던 마음을 녹여버려요. 그더.

두근두근

커피소주

심장이 주책맞게 뛴다.
혼자 조용히 빛나는 별빛에도
내 방 창가를 가만히 비추는 달빛에도
심장이 요동친다.
그래서 또 네 생각이 난다.
오늘 밤은 다 갔다.

X1
진로소주

X5
아메리카노

컵에 소주와 아메리카노를 1:5 비율로 따른다.

두껍 씨, 보고 싶은 사람이 있나요?

요즘은 미운 코로나 때문에 그 사람을 만날 수 없어 너무 힘들어요.
이렇게 멀리 떨어져 있어도 우리 사이가 변치 않을까요?

두껍

사랑한다고 해서 매일같이 만나는 것도 능사는 아니더라고요.
어떨 땐 자의든 타의든 조금 떨어져 있는 게
사랑을 더 굳건하게 해주기도 하죠.
당신과 그 사람이 어디 보통 사이인가요?
하루하루 그 사람을 생각하며 편지를 쓰면서 함께할 날을 기다려보세요.
커피소주 한잔하면서 이 새벽의 마음을 편지에 담아보아요, 그대.

내 방에 퍼지는 상큼한 향기

레몬소주

이런들 어떠하리 저런들 어떠하리.
나이 많은 상사한테든, 나이 어린 상사한테든
뭐라고 한 소리 들었던들 어떠하리.
하여간 나는 그림 같은 내 방 창가에서
상큼한 혼술 누리리라.

혼합

- 진로소주 X1
- 스프라이트 X3
- 레몬 X1개

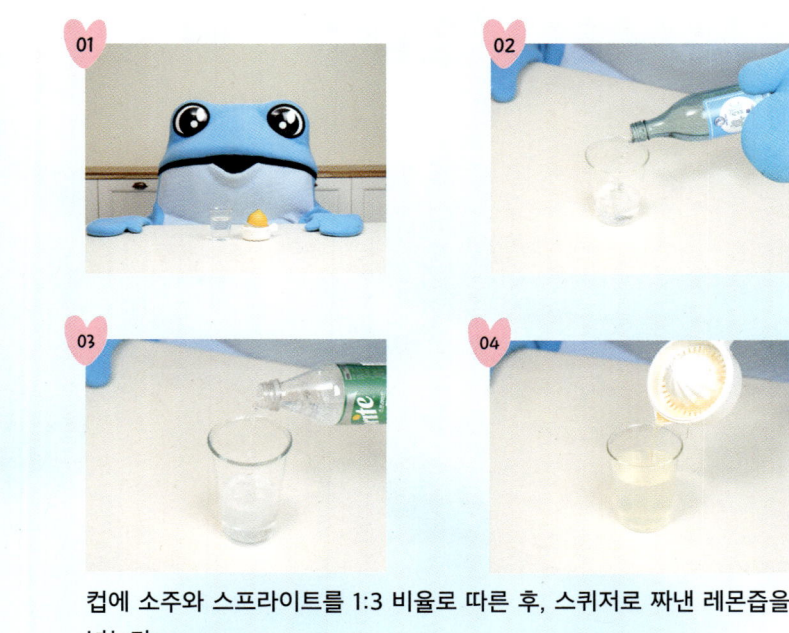

컵에 소주와 스프라이트를 1:3 비율로 따른 후, 스퀴저로 짜낸 레몬즙을 넣는다.

두껍 씨, 회사 때려치울까 봐요.

저보다 한참 어린 팀장한테 한마디 듣고 있으려니까

도저히 안 되겠어요.

내일 당장 사표 던질래요.

사랑스러운 그대가 얼마나 속상했을지 제 맘이 다 타네요.
자, 일단 침착하게 종이와 펜을 꺼내봐요.
그리고 한 글자씩 천천히 적는 거예요.
忍忍忍

참을 '인' 자 셋이면 살인도 면한다고 했으니, 일단은 참아보는 ㄱ예요.
순간의 감정으로 내일의 나에게 더 큰 시련을 주지 마요, 우ㄹ.
세 번 다 적었는데도 여전히 사표를 내고 싶다면, 그때는 주저하지 말고 고.
하지만 이건 기억해야 해요.
다른 회사에 가도 나보다 어린 상사가 있을 수 있다는 걸.

마음이 편해지는 러블리주

요구르트주

어른이 되어서 알게 된 아이러니 하나.
너무 외로워서 혼자이고 싶어지는 이 마음.
어릴 땐 함께 있어야 외롭지 않았는데,
이제는 혼자여야 외롭지 않다는 거.

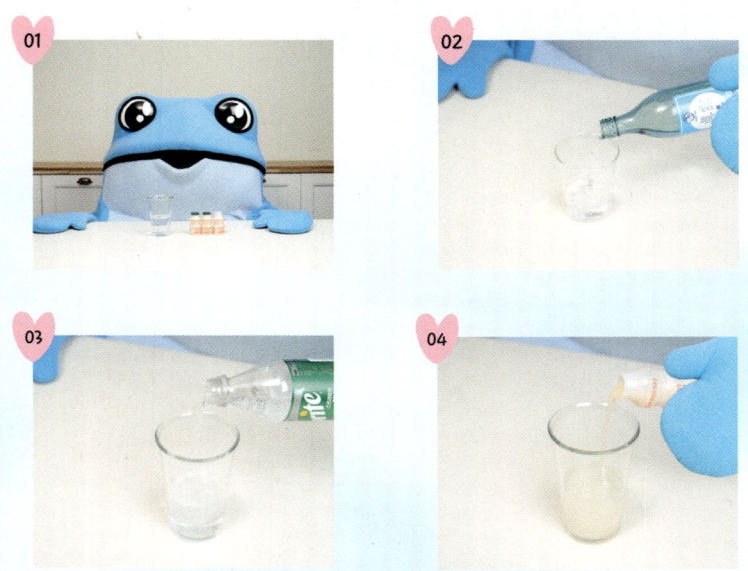

컵에 소주와 스프라이트, 요구르트를 1:1:3 비율로 따른다.

두껍 씨, 혼술 좋아하세요?

저는 요즘 거의 혼술만 하는 것 같아요.
예전엔 여럿이 모여 함께 마시는 게 좋았는데,
이제는 편하게 마실 수 있는 혼술이 최고인 것 같아요.

자고로 술 중 가장 좋은 술은 혼술이라죠.
말실수할까 봐 신경 쓰지 않아도 되고,
주법에 어긋날까 봐 긴장하지 않아도 되죠.
마시고 싶을 때만 마실 수 있고 말하고 싶을 때만 말할 수 있어요.
마시다가 언제든 내 맘대로 끝낼 수 있고,
원하면 아침이 올 때까지 먹을 수도 있죠.
혼술이야말로 '인간의 본능'이 아닐까요?
나를 가장 잘 아는 '나'와 단둘이 마시는 것만큼 좋은 게 어디 있겠어요?

시드니

이집트

하와이

언제나 함께였던 우리.
지금 잠시 떨어져 있더라도 슬퍼하지 마세요.
올해는 내내 떨어져 있어야 했지만,
단 한번도 함께하지 않았던 적이 없으니까요.

PART 2.

별이 빛나는 밤에
너와 내가 하이볼

반짝반짝 빛나는
 구슬주

구슬은 서 말이라도 꿰어야 보배이고,
친구는 여럿이어도 만나야 보배지.
하지만 지금은 만날 수가 없잖아.
준비한 술잔은 이렇게나 많은데.
언제쯤 너희를 다시 볼 수 있을까.

 혼합

 X적당량
진로소주

 X적당량
구슬 아이스크림

컵에 소주를 따른다. → 구슬 아이스크림을 원하는 만큼 넣는다.

두껍 씨, 친구가 좋은 점은 뭘까요?

문득 오늘 같은 날은 친구들과 술 한잔하고 싶어지네요.
소주 한잔 기울일 친구가 있다는 건 참 좋은 것 같아요.

친구란

...

...

지금 이렇게 글로 쓰려고만 해도 가슴이 벅차오르고 뭉클해지는 것.
친구가 좋은 점은 친구가 '있다'는 것 아닐까요?
만나든 못 만나든, 존재만으로도 위로가 되고 힘이 되니까요.

 하늘과 바람과 별과

아이스티주

옹기종기 모여
반짝반짝 빛나는 별들을 보고 있노라니
참으로 무수한 생각이 듭니다.
하늘이 이렇게나 넓은 줄 아는 건
지금 제가 혼자이기 때문이겠지요.
그저 온 마음으로 삼키고 있습니다.
당신에 대한 그리움을요.

 혼합

 진로소주 X1

액상 아이스티 X1봉

컵에 소주를 따른다. → 액상 아이스티 1봉을 탄 후 저어준다.

두껍 씨, 누군가를 그리워해본 적 있나요?

친구가 됐든, 연인이 됐든, 가족이 됐든 말이에요.
그리움이라는 게 이렇게 힘든 감정인 줄 몰랐어요.

그럼요, 저는 항상 그리워하는걸요.
친구도, 핑꺼비도, 가족도.
그리고 우리가 함께한 지난날들도요.
어릴 땐 매일 이별하며 산다는 노랫말이 그다지 와 닿지 않았는데,
이젠 매일매일이 어제에 대한 그리움으로 얼룩덜룩해져 있네요.
어쩌면 인간에게 주어진 숙명은
'그리움을 감내하며 살아내야 하는 것'이 아닐까요?

 함께일 때 더 좋은

수박소주

오랜만에 네가 올 거라는 연락에
나도 모르게 수박 한 통을 다 파버렸어.
어떤 여우가 그랬던가?
네가 4시에 오면 자긴 3시부터 행복해질 거라고.
어쩌지, 아직 하루나 남았는데도 난 벌써부터 행복한데.
내가 이겼네.

혼합

X1
진로소주

X1
스프라이트

X1통
수박

01

02

03

수박 밑동을 속이 드러나지 않을 정도로만 살짝 잘라내고, 꼭지를 잘라낸다 (위아래로 평평하게 잘라야 해요). → 수박 속을 모두 비운다(껍질이 얇으니 구멍 뚫리지 않게 조심하세요). → 안에 소주와 스프라이트를 1:1 비율로 붓는다. 냉장고에서 2시간 숙성시키면 완성!

두껍 씨, 그를 좋아하는 걸까요?

생각만 해도 속이 메슥거리고 만날 일이 생기면
전날부터 잠을 못 자겠어요.
말도 안 돼, 설마 이 사람을 좋아하게 된 걸까요?

축하합니다, 이제 곧 연인이 되겠군೭.
사랑은 언제나 행녹하조.
중세 마법사들이 비밀리에 행했다던 '구애의 춤'을 추천합니다~.
동작이 격렬할수록 성공률이 높아진다니, 파이팅입니다, 그대!

 귀한 당신을 위한

🌤 멜론소주

까짓것, 지금 멜론 하나가 대수겠소?
당신이 오신다는데.
가장 아끼는 멜론 하나 고르고 골라
당신이 좋아하는 소주 가득 붓고
기다리고 있을 테요.
당신은 이 멜론이 다 익어빠지기 전에 오시기만 하쇼.

 혼합  ×1  × 원하는 만큼  ×1  ×1통

진로소주 　 스프라이트 　 토닉워터 　 멜론

 01
 02
 03

멜론 윗부분을 자르고 씨를 퍼낸다. → 멜론의 과육을 동그란 모양으로 파낸다. → 속을 파낸 멜론에 파낸 과육을 넣고 소주와 토닉워터를 1:1 비율로 붓는다.

 기호에 맞게 스프라이트를 부어 먹으라껍!

두껍 씨, 오늘 고백했다가 차였어요.

조금 많이 두렵긴 했어도, 그래도 어느 정도 가능성은 있다고 생각했는데….

쥐구멍 어디 있죠? 나 좀 숨겨줘요, 두껍 씨.

두껍

백 번 생각해도 옳은 결정이었어요.
좋아하고 있다는 걸 알려야 뭐가 됐든 되죠.
지금 당장 허피한 엔딩이 나지 않았더라도 절대 실망하지 마세요.
또 다른 이야기의 시작이 될 수도 있으니까요.
어쩌면 그대의 순정 만화 첫 장은
고백했다 거절당한 순간부터 시작되는 것일 수도 있어요.
또 다른 이야기가 오늘부터 시작될 거예요.

오렌지소주

처음에는 화가 났지.
다신 보지 말까 싶기도 했어.
그다음엔 슬퍼지더라고.
나만 너를 보고 싶어 하는 게 아닐까 싶어서.
보고 싶다는 너의 말이,
다음에는 꼭 한잔하자는 너의 말이,
오늘따라 왜 이렇게 가슴에 콕콕 박히는지.

혼합

진로소주 X1

오렌지 X1개

01

02

03

04

오렌지의 윗동을 자른 후, 과육을 파낸다(껍질이 찢어지지 않게 조심하세요).
→ 파낸 과육은 믹서나 스퀴저로 즙을 낸다. → 컵 또는 병에 소주와 오렌지즙을
1:1 비율로 따라 흔들어 섞는다. → 껍질에 오렌지소주를 담아 윗동으로 덮는다.

오렌지 과즙을 아이스크림 틀에 넣어 얼려서 같이 먹어보세요. 색다른 안주가 될 거예요, 두껍!

두껍 씨, 화가 날 땐 어떻게 해야 되죠?

약속을 지키지 않은 친구 때문에 혹은
배려 없는 사람 때문에 화가 날 때는
어떻게 해야 할까요?

두껍

일단은 상대에게 지금 느끼는 감정을 솔직하게 얘기해야겠죠.
앞으로 어떻게 할지는
상대가 그 이야기에 어떻게 반응하는지 보고
고민해야 할 것 같아요.
진심으로 미안해하며 마음을 풀어주려고 한다면
그다음을 기대해도 좋겠죠.
하지만 오히려 기분 나빠 하거나 화를 낸다면
글쎄요, 그때부턴 고민을 깊게 해야겠죠?

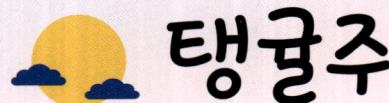

탱귤주

비가 부슬부슬 내리는 날에 비 맞으며 골목 걷기,
여름날 현관문 활짝 열고 매미 소리 들으며 누워 있기,
힘없이 떨어지는 낙엽 주워 책 속에 끼워두기,
가장 좋아하는 당신께 연말에 연하장 쓰기.
내가 가장 좋아하는 것들.
오래 지난 후에야 얼마나 좋았는지 알게 되는 것들.

혼합

 ✕ 적당량

참이슬 담금주

 ✕ 원하는 만큼

귤

 ✕ 많이

설탕

귤은 껍질을 깐다. → 유리병을 열탕 소독한 후 귤과 설탕을 1:1 비율이 되도록 계량해 담고, 담금주용 술을 부어 랩을 씌운 후 뚜껑을 닫는다(너무 꽉 닫으면 터질 위험이 있어요). → 2~3개월 동안 서늘하고 그늘진 곳에 보관한 후 과일은 거르고 술은 따로 보관한다. 귤을 걸러낸 술은 그늘지고 서늘한 곳에 2~3개월 더 보관했다가 먹는다.

두껍 씨, 스트레스받을 땐 어떻게 풀어요?

스트레스를 받거나 힐링이 필요할 땐 어떻게 하면 좋을까요?
요즘 스트레스를 좀 받았더니 어깨까지 결리네요.

두껍

제가 스트레스를 푸는 방법은
'가장 잘하는 일'과 '가장 좋아하는 일'을 하는 거예요.
내가 봐도 나 자신이 멋있게 느껴지게 해주는 '가장 잘하는 일'을 하거나
기분 나빴던 것조차 잊게 해줄 정도로 '가장 좋아하는 일'을 하는 거죠.
그 외에도 친구들을 만나 수다 떠는 것도 있어요.
아, 죽은 듯이 잠만 자는 것도 있네요.
소찬휘 님의 'Tears'를 부르면서 샤워하기도 있고요.
스트레스는 언제 어디서 날아올지 몰라요.
자기만의 스트레스 해소법 101가지 정도는 미리 준비해놓고 대비해야 돼요.
그래야 하나가 안 먹혀도 아직 100가지 방법이 남은 게 되니까요.

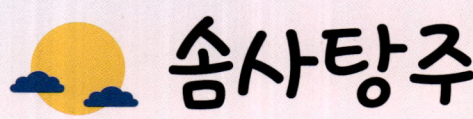

솜사탕주

내 방 가득 봄 향기를 심어줄

봄바람은 살랑살랑 이는데 갈 데가 없다.
보고 싶은 이는 많은데, 만날 이가 없다.
이 좋은 날씨에 갈 곳 없고 만날 사람 없대도 슬퍼할 이유 있을쏘냐.
봄바람 가득 담은 솜사탕꽃 한 송이,
내 방 한가득 피우면 그뿐.

혼합
- 진로소주 X2잔
- 뽕따 X1개
- 솜사탕 X1개

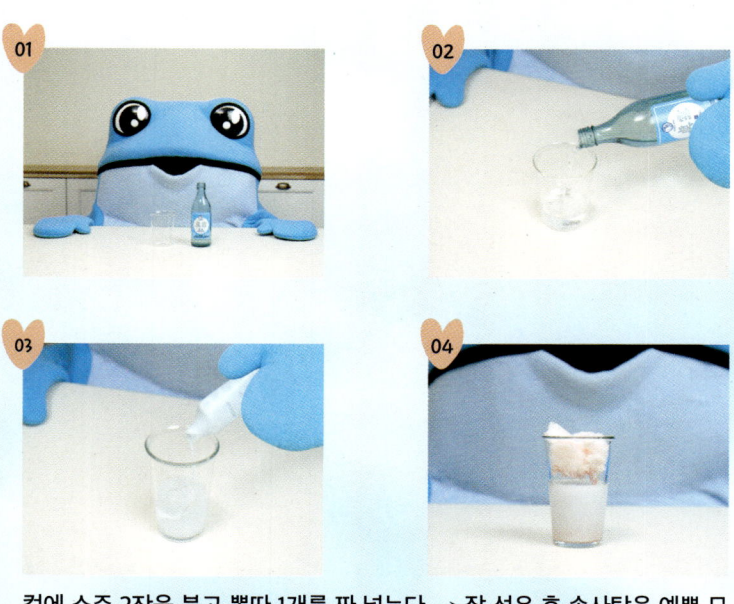

컵에 소주 2잔을 붓고 뽕따 1개를 짜 넣는다. → 잘 섞은 후 솜사탕을 예쁜 모양으로 올린다(솜사탕이 금방 녹아내리니 예쁜 사진을 찍고 싶다면 재빨리 찰칵!).

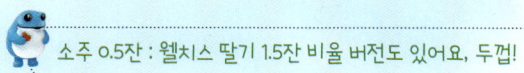

소주 0.5잔 : 웰치스 딸기 1.5잔 비율 버전도 있어요, 두껍!

두껍 씨, 전 누구랑 놀아야 되죠?

오늘 같은 날 누구랑 술 한잔하며 놀고 싶은데
휴대폰 연락처를 아무리 뒤져봐도 부를 사람이 없네요.
전 누구랑 놀아야 될까요, 두껍 씨?

음, 이럴 때는 그대와 가장 친한 '베프'를 부르는 게 좋을 것 같군요.
태어날 때부터 지금까지 둘도 없이 친한 그대의 '베프' 말이에요.
당신이 좋아하는 것, 싫어하는 것, 지금의 기분, 그때의 감정, 내일의 당신을 모조리
알고 있는 그 친구 말이에요.
그 친구, 그대가 자기를 자꾸 까먹는다고 서운해하겠어요.
그래도 당신 일에는 언제나 두 팔 걷어붙이고 나서는 친구니까
오늘도 어김없이 그대 옆에 있어줄 거예요.
누군지 이제 생각났나요? 그래요, 바로 '당신'이에요.

파티하고 싶어지는 링겔주

작년 이맘때 기억나니?
우리끼리 모여 파티했던 날.
마음껏 마시고 마음껏 이야기하고
마음껏 만날 수 있었던 그때.
귀신 분장한 너희가 어제도 없었고 오늘도 없는데
내일도 없을까 봐 겁이 난다.

혼합

X1병
진로소주

X1병
매화수

01

02

03

먼저 소주 1잔을 따라 마신다. → 소주병 위에 매화수병을 엎어 올린다(두 병의 입구가 맞닿게 해주세요. 순발력이 관건!). → 소주와 매화수가 모두 섞일 때까지 기다렸다가, 술 색이 바뀌면 두 병을 분리한 후 따라 마신다.

두껍 씨, 파티할 땐 어떤 술이 좋을까요?

언젠가 친구들과 모여 파티할 날이 다시 오겠죠?
그땐 어떤 술을 마시면 좋을까요?
특별한 날인 만큼 기억에 남는 술이었으면 좋겠는데….

두껍

술이 술술 들어간다는 '술술'을 권해드립니다.
오랜만에 만나 그동안 하지 못한 이야기도 술술,
함께 마시지 못했던 술도 술술,
시간도 술술 간다는 마법의 술이죠.
사실, 무엇을 마시는 게 뭐가 중요하겠어요.
함께 있다는 게 중요한 거죠.
그날이 오면, 아마 물만 먹어도 취할 거예요, 그대.

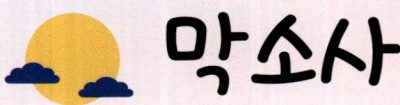

막소사

오늘 첫눈이 내린다고 합니다.
올겨울 들어 처음으로 내리는 눈이래요.
아직까지 한번도 내린 적 없는 눈이 오늘 내린다는 얘기죠.
이봐요.
도대체 첫눈 얘기를 몇 번이나 더 해야 알아듣겠어요?
오늘 시간 있냐고요!

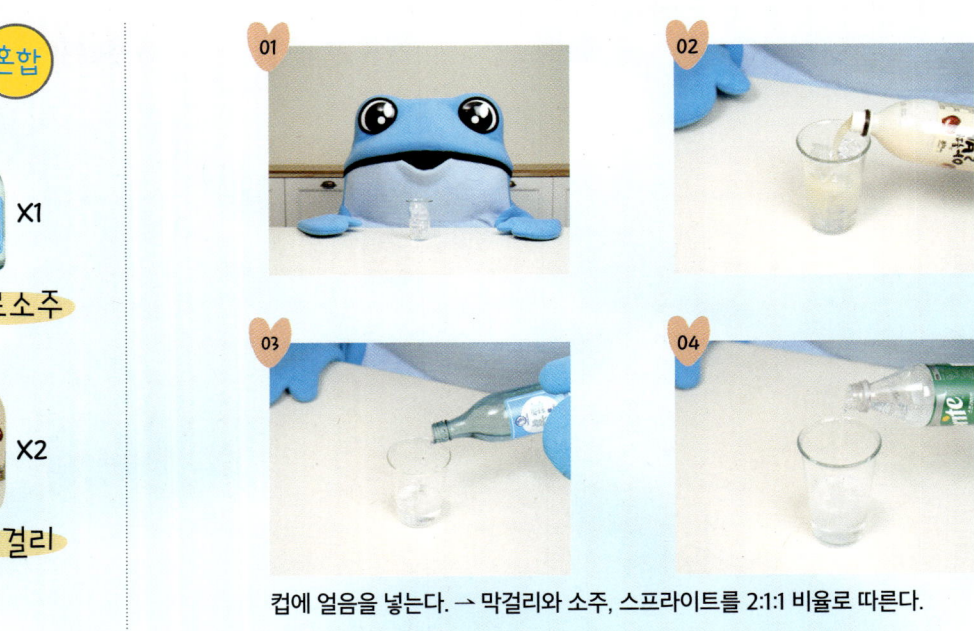

컵에 얼음을 넣는다. → 막걸리와 소주, 스프라이트를 2:1:1 비율로 따른다.

두껍 씨, 첫눈 좋아하세요?

어릴 땐 첫눈 내리는 게 한 해의 가장 중요한 이벤트였는데
이제는 내리든지 말든지가 됐어요.
점점 동심이 사라지고 있는 걸까요?
갑자기 씁쓸해지네요.

두껍

알죠, 그 마음.
어릴 땐 눈이 내리면 설렘 그 자체였는데,
이제는 차 막히고 미끄러울 생각에 짜증부터 나죠.
그런데 저는 이렇게 생각합니다.
어른이 되면서 점점 짜증 나는 이유가 하나둘 더 생겨나는 것일 뿐,
설렘이 사라지는 건 아니라고요.
지금이라도 눈을 감고 곧 내릴 첫눈을 함께 상상해봐요, 그대.

함께 마시고 싶은

삼색주

돌아오는 크리스마스에는 너희와 함께할 수 있을까?
크리스마스 생각에 슬퍼지는 기이한 오후.

혼합

진로소주 X1

진로와인 또는 복분자주 X2

테라 X많이

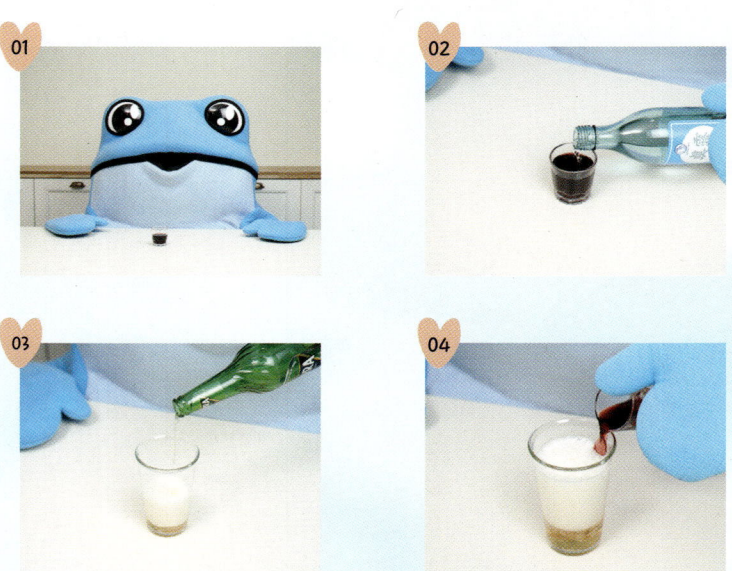

소주잔에 진로와인 또는 복분자주를 ⅔ 넣고, 소주로 나머지를 가득 채운다. → 맥주잔에 맥주를 높이 들어 올려 거품이 많이 나도록 따른다. → 맥주컵 가장자리로 ②의 술을 살살 흘려 넣는다(컵 옆면을 따라 또르르 흘러내리는 느낌을 유지해야 예쁘게 돼요!).

두껍 씨, 이번 크리스마스에도 혼자면 어떡하죠?

거리 두기가 끝나지 않으면 또 혼자 있어야 할 텐데….
크리스마스 생각에 우울해지는 건 또 처음이네요.

함께 있지 못하고 떨어져 있지만, 그렇다고 멀리 있는 건 아니에요.
중요한 건 함께 있다는 '마음'이라고 생각해요.
돌아오는 크리스마스에도 모두 건강히 내 곁에 있다는 게 중요한 거죠.
바로 곁은 아닐지라도요.
웃어요, 그대.
금방 꽃 피는 봄이 다시 올 거예요.

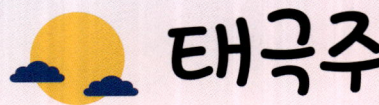

태극주

어떻게 내가 너에게 화가 날 수 있겠어.
내가 화났는지 걱정하며 눈치만 살피는
네 모습도 이렇게나 사랑스러운데.
모르는 척 가만히 있을 테니까
너도 모르는 척 가만히 술 한잔 따라주지 않겠니?
이왕이면 가득.

혼합

X1잔
진로소주

X적당량
홍초

X적당량
파워에이드

컵에 얼음을 넣고 홍초를 약간 붓는다. → 소주를 1잔 넣는다(소주는 원하는 만큼 넣어도 돼요). → 파워에이드를 컵 가장자리에 바짝 붙여 살살 따른다 (컵 옆면을 따라 천천히 흘러내리도록 해야 해요!).

두껍 씨, 싸운 친구와 어떻게 화해하면 좋을까요?

올해 싸운 친구가 있어요.
지금 생각하니 굉장히 사소한 이유 때문이었던 것 같아요.
올해가 가기 전에 화해하고 싶은데, 어렵네요.

어라, 얼마 전에도 누군가가 비슷한 고민을 토로했던 것 같은데….
혹시 그대의 친구가 아니었을까요?
화해하고 싶으면 하세요.
사과하고 화해하는 방법은 생각보다 매우 간단하답니다.
사과하고 화해해야겠다는 마음을 품기까지가 어려운 거죠.
친구가 거절할까 봐 두려운가요? 그건 그 친구의 몫이에요.
용기를 가지고 직진하세요, 그대.

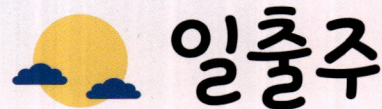

새해에는 새로운 해가 떠오를 거야

일출주

이제 곧 다시 함께할 수 있을 거야.
많이 무섭고 힘들었을 올해
함께 있어 주지 못해 미안해.
...
끝까지 버텨줘서 정말 고마워.
너는 우리 모두에게 소중한 존재야.

혼합

X많이
테라

X적당량
진로와인 또는 복분자주

맥주잔 하나를 바닥에 엎어놓고, 그 위에 소주잔을 올려 진로와인 또는 복분자주를 따른다. → ①을 또 다른 맥주잔으로 덮은 후, 두 맥주잔을 동시에 뒤집는다. → 맨 위 맥주잔은 제거한 후, 진로와인 또는 복분자주가 든 소주잔이 담긴 맥주잔에 맥주를 ⅔ 따르고 진로와인 또는 복분자주로 나머지를 채운다. → 휴대폰 손전등을 켜고 그 위에 잔을 올린다.

 마시면서 술잔을 기울일수록 해가 떠올라요, 두껍! 다 마실 때까지 손전등을 절대 떼지 마세요!

두껍 씨, 새해에는 더 좋아질까요?

올해는 많이 힘들었는데,
새해에는 좀 달라질까요?
똑같으면 어쩌죠?

그대, 이거 하나만 기억하세도.
새해에는 무조건 복 많이 받는 게 '국룰'이라는 거.
아무 걱정하지 말고 새해 복 많이 받을 준비나 단단히 하세요, 그다.

스페셜 부록

다시 떠나고 싶은 두꺼비의 사진첩 3

런던

빅벤으로 가는 길

런던 빅벤

네가 가장 좋아하는 소주에 잘 어울릴 만한 안주를
가득 만들어놓고 네가 얼른 오기를 기다리고 있어.
오지 못한다고 해도 괜찮아.
너를 생각하며 요리하는 동안
이미 충분히 행복했으니까.

PART 3.

빈속에 잠 못 이루는
별이 빛나는 밤에

치즈고추참치

재료
· 고추참치 1캔 · 피자치즈 적당량

만드는 법

① 기름을 두르지 않은 팬에 고추참치를 평평하게 올린 후, 중간 불에서 익힌다.

② 약 30초 후 약한 불로 줄인 다음, 저어주며 더 끓인다.

③ 2 위에 피자치즈를 고루 올린다.

치즈랑 참치랑 만나면 얼마나

맛있는 안주가 되는지 모르지?

오늘 내가 제대로 알려줄게.

너도 쉽게 할 수 있었으면 하는 생각에

내가 개발한 레시피야.

은행꼬치

재료
· 은행 1움큼 · 소금 약간 · 식용유 약간

만드는 법

① 은행은 딱딱한 겉껍질을 벗긴 후 흐르는 물에 헹군다.

② 기름을 두르지 않은 팬에 1을 넣고 살짝 볶아 수분을 없앤다.

③ 수분이 다 날아가면 식용유를 약간 둘러 중간 불에서 볶는다.

④ 키친타월에 3을 올려 기름을 뺀 후 속껍질을 제거한다.

tip 키친타월로 감싸 부드럽게 비비면 속껍질을 더 쉽게 제거할 수 있어요.

⑤ 꼬치에 은행을 적당량 끼운다.

⑥ 기름 두른 팬에 5를 올리고 소금을 뿌리며 볶는다.

tip 소금 양은 기호에 맞게 조절하세요.

어른이 되고 소주가 맛있어질 때쯤

새롭게 발견한 은행의 맛.

쓴 게 제일 달달하다는 걸

알게 되는 나이지, 이제.

오감치

혼자 먹더라도 대충 먹지는 않았으면 좋겠어.
재료도 저렴하고 만드는 법도 간단하지만,
너를 위해 존재하는 세상에 하나뿐인 고급 감자 요리야.

재료
· 오감자(오리온) · 슬라이스 치즈 1장 · 모차렐라 치즈 적당량 · 베이컨 2줄

만드는 법
① 접시에 오감자를 붓는다.
② 슬라이스 치즈를 잘게 찢어 오감자 위에 골고루 얹는다.
③ 베이컨을 잘게 잘라 2 위에 뿌린다.
tip 베이컨을 더 바삭하게 즐기고 싶다면, 미리 프라이팬으로 굽거나 전자레인지에 약 30초간 돌려주세요.
④ 3 위에 모차렐라 치즈를 뿌린 후 전자레인지에 넣어 1분 30초간 돌린다.

라이스페이퍼떡볶이

넌 정말 떡볶이를 왜 그렇게 좋아하는 거야?
매일 삼시 세끼 떡볶이만 먹을 때도 있었잖아.
그런 네가 생각나서 오늘은 조금 특별한
떡볶이를 만들어봤어.

재료
· 떡볶이 떡 100g
· 어묵 2장 · 라이스페이퍼 12장 · 슬라이스 치즈 1장
· 대파 1대 · 양배추, 시판 떡볶이 양념 적당량

※ 시판 떡볶이 양념이 없을 경우
· 고추장 / 고춧가루 / 올리고당 / 진간장 1큰술씩 · 설탕 ½큰술(단맛을 좋아하면 1큰술을 넣으세요) · 다진 마늘 약간

① 대파, 양배추는 2~3cm 길이로 적당히 썬다.

② 어묵도 기호에 맞는 크기로 썰어 준비한다.

③ 미지근한 물에 라이스페이퍼를 1분 정도 담가둔다.

④ 2의 라이스페이퍼를 3장씩 겹쳐 돌돌 만 후 떡볶이 떡 크기로 썬다.

tip 라이스페이퍼를 말 때 속에 슬라이스 치즈나 삶은 고구마를 넣으면 더 다채로운 맛으로 즐길 수 있어요.

⑤ 팬에 물을 붓고 양념장을 푼다.

⑥ 5에 떡을 넣고 끓이다 어느 정도 익으면 채소와 어묵을 넣는다.

⑦ 양배추 숨이 죽으면 4를 넣고 양념이 적당히 밸 때까지 끓인다.

종이컵피자

재료
· 종이컵 1개 · 식빵 1장 · 양파 약간 · 파프리카(파랑 / 빨강 / 노랑) 약간
· 옥수수콘 약간 · 피자치즈 약간 · 피자소스 1큰술
tip 기호에 따라 햄, 치즈, 채소를 넣으세요.

만드는 법
① 양파와 파프리카는 잘게 다진다.

② 식빵은 한 입 크기로 잘라 종이컵에 넣는다.

tip 종이컵의 ½ 또는 ⅔ 정도만 채우세요.

③ 2 위에 채소와 옥수수콘, 피자소스, 피자치즈 순으로 올린다.

④ 전자레인지에 넣고 약 1분~1분 30초간 돌린다.

tip 소금 양은 기호에 맞게 조절하세요.

가끔은 너에게

근사한 요리를 해주고 싶어

열심히 연습해봤어.

이래 봬도 이탈리아 피자라고!

컵라면볶음밥

컵라면볶음밥 꼭대기에 깃발 하나 꽂고 모래성 게임이나 할까?
이렇게라도 해야 요즘 입맛 없어 하는 네가 밥 한술 더 뜰 것 같아서 말이야.
둘이 먹다 하나 죽어도 모를 정도로 진짜 맛있는 볶음밥을 준비했어.

재료

· 미니 컵라면 / 공깃밥 / 달걀 1개씩 · 식용유 약간

tip 기호에 맞게 파, 양파 등 채소를 추가하세요.

만드는 법

① 컵라면 면을 위생 백 또는 지퍼 백에 넣고 잘게 부순다.

tip 컵라면은 가장 좋아하는 것으로 고르세요.

② 1을 다시 컵라면 용기에 담고 수프를 ½만 넣는다.

③ 2에 끓는 물을 붓는다.

tip 면이 잠길 만큼만 부어주세요.

④ 기름 두른 팬에 밥과 달걀을 함께 넣고 볶는다.

tip 밥을 먼저 놓고 살짝 볶다가 달걀을 깨뜨려 넣고 함께 볶으세요.

⑤ 4가 어느 정도 익으면 3을 부어 함께 볶는다.

tip 컵라면 용기는 버리지 마세요.

⑥ 볶음밥이 완성되면 컵라면 용기에 밥을 다시 담아 모양을 잡아준 후, 접시에 올려 조심스럽게 빼낸다.

tip 마지막에 참기름, 통깨를 넣어 먹으면 더 맛있어요.

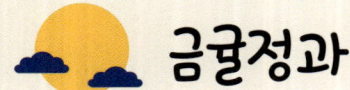

금귤정과

오늘 금귤정과를 백 개 만들까 해.
다 만들어놓고 네가 올 때마다 하나씩 꺼내줄 거야.
이 맛에 중독돼서 백 번은 더 오도록.

자료
· 금귤 500g 1팩 · 설탕 400g

만드는 법
① 금귤은 식초 1방울을 탄 물에 약 20분간 담갔다가 흐르는 물에 여러 번 헹궈 준비한다.
② 금귤 꼭지를 제거하고 반으로 잘라 씨를 제거한다.
③ 2를 설탕에 버무려 하루 정도 재운다.
tip 재우지 않고 바로 가열할 경우에는 재웠을 때보다 더 오래 끓여야 해요.
④ 냄비에 금귤이 잠길 정도로 물을 부은 후 끓이다가 부풀어 오르면 불을 꺼 한번 식힌 다음 다시 끓인다.
tip 끓이는 내내 거품을 걷으면서 타지 않게 저어주어야 해요.
⑤ 4가 다 끓으면 금귤을 하나씩 건져 겹치지 않게 널어둔 후 반나절 또는 하루 정도 말린다.

요즘 하루 종일 미간에 힘이 들어가 있는 너.

무슨 일 있냐는 말 대신

달달한 팔미카레를 만들어보려고 해.

달달함이 너의 미간을 풀 수 있도록.

팔미카레

재료
· 강력분 / 박력분 / 차가운 물 80g씩 · 차가운 버터 120g · 소금 약간 · 코팅용 초콜릿 적당량

만드는 법
① 차가운 버터를 깍둑썰기 한다.

② 강력분과 박력분을 섞고 1을 넣어 섞다가, 가운데를 살짝 판 후 차가운 소금물을 부어 섞는다.

tip 스크래퍼로 섞어주세요.

③ 2의 반죽을 밀대로 민 후 3절로 접는다. 다시 90도로 돌려 밀대로 민 다음 3절 접기를 한다(3회 반복).

tip 반죽이 처지면 냉장고에 잠시 넣었다가 해도 돼요.

④ 3의 반죽이 완성되면 1cm 두께의 직사각형으로 민 후, 2등분해 겹친다.

⑤ 4를 1cm 두께로 썰어 쿠키 팬에 간격을 두고 올려 오븐에서 15~20분간 굽는다.

tip 반죽이 차가워야 잘 썰려요. 오븐은 200℃로 예열하고 반죽의 결이 보이도록 올려주세요.

⑥ 다 익으면 잠깐 식힌 후 중탕한 초콜릿을 묻힌다.

오란다

재료
· 알알이 300g · 설탕 / 물엿 60g씩 · 조청 120g · 물 20ml

만드는 법
① 달군 웍에 설탕, 조청, 물엿, 물을 넣고 약한 불로 살짝 끓인다.

tip 잠깐이라도 한눈팔면 타버릴 수 있으니, 약한 불에서 저어주며 살짝 끓이세요.

② 거품이 많아지면 알알이를 부어 섞으며 볶는다.

③ 쟁반 위에 비닐을 깔고 2를 부어 넓게 편다.

tip 네모반듯한 모양이 되도록 사각형 쟁반을 이용하세요.

④ 3이 굳기 시작하면 쟁반에서 꺼내 원하는 크기로 자른다.

네가 오라, 오라, 오라. 그래서 오늘 안주는 오란다.

벚꽃계란말이

재료
· 달걀 7개 · 분홍 소시지 ⅓개(슬라이스 14장 정도)
· 쪽파 / 식용유 / 소금 약간 · 맛술 ½큰술 · 꽃 모양 틀

만드는 법
① 분홍 소시지를 2mm 두께로 얇게 썬다.
② 1을 꽃 모양 틀로 찍는다.
③ 2에서 남은 소시지 자투리는 잘게 다져 준비한다.
④ 쪽파는 송송 썰어 준비한다.
⑤ 달걀은 흰자와 노른자를 분리한다.
⑥ 흰자에 소금으로 간한 후 4를 넣어 섞는다.
⑦ 노른자에 소금과 맛술을 넣고 3을 넣어 섞는다.
⑧ 약한 불로 달군 팬에 노른자를 붓고 80% 정도 익으면 밑에서부터 말아 접는다.
다 접은 계란말이를 팬 끝으로 민 후, 노른자를 다시 부어
익힌 다음 다시 한번 돌돌 만다(2~3회 반복).
⑨ 8을 팬 끝으로 밀고 8과 동일한 방법으로 흰자를 부어 한 번 더 만 후,
마지막 흰자를 붓기 전에 2를 팬에 깔고 흰자를 부어 익힌 다음 돌돌 말아준다.

나에게 너는 봄이야, 계절이 바뀌어도 항상.
너에게 나도 봄이고 싶어 만들어보는 벚꽃계란말이.

찰칵

곧 다시 함께 떠날 수 있을 거야.
얼른 카메라 챙겨두라고!

오늘도 별이 빛납니다. 그리고 당신이 생각납니다.

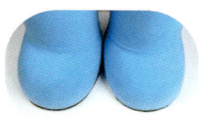

두껍